Comment appelle-t-on un Chat qui... ?

Retrouvez nos prochaines parutions, les ouvrages du catalogue, des interviews d'auteurs et les événements à ne pas rater. Votre avis nous intéresse : dialoguez avec nos auteurs et nos éditeurs. Tout cela et plus encore sur Internet à :

http://blog.editionsleduc.com

Maquette :
Vincent-Pierre Angouillant

17, rue du Regard
75006 Paris – France
E-mail : info@editionsleduc.com
ISBN : 978-2-84899-416-1

Pierre-Benoît de Veron
François-Alexis Bancel

Comment appelle-t-on un Chat qui... ?

LEDUC.S
EDITIONS

Note à l'ami lecteur

Ce sont des chats imaginaires. Aucun chat n'a été estropié, écrasé, noyé, massacré, décapité, brûlé ou lobotomisé pour de vrai.

...et là le dragon, y caille ! lol
y-caille écaille, t'as compris ?

Édito

Un samedi soir à 2 heures du matin. Nous festoyons gaiement. Une soirée plutôt réussie. De quoi favoriser de bonnes discussions philosophico-moralo-économico-lequipedefrance-prendleau. Soudain, Alban s'exclama : « Comment appelle-t-on un chat déguisé en arbre de Noël ? » Léger silence, le bide du soir est à portée de main. La réponse ne se fait pas attendre : « Un chapin de Noël bien sûr, ah, ah ! » Mouais… Tout juste digne d'être envoyé à Carambar. Mais…

Après un de ces flottements pendant lesquels on se demande si une personne se dévouera pour rire poliment ou si le bide sera appliqué strictement comme juste sanction, un autre larron sort une deuxième devinette. « Comment appelle-t-on un chat qu'on utilise pour stabiliser un bureau ? » Nouveau silence. « Un chat-cale. » MIEUX ! Bien vu ! Les neurones entrent en ébullition. Le corps dit stop mais la bouche dit « J'en ai une autre !!! ». De fait, chacun y va de sa petite contribution. Le match est lancé, la contagion opère déjà. La blague de chat, finalement, c'est un peu comme l'équipe de France, on ne la trouve pas bonne, on la critique, mais on continue toujours à croire en elle, en espérant qu'un jour elle sera meilleure. On en est fan finalement.

Nous ne savons pas pourquoi, mais ces blagues sont contagieuses. Chers lecteurs, ne cherchez pas ici une élévation de l'esprit, n'espérez pas que nos jeux de mots vous permettront de passer pour particulièrement intelligents. Nos proches nous ont emmerdés copieusement à nous répéter que certaines de nos blagues ne relevaient pas de l'art véritable du calembour. N'empêche qu'ils ont passé des après-midi à chercher des jeux de mots sur les chats. D'ailleurs, nous parions que vous êtes déjà en train de chercher votre première devinette. Sinon, nous vous remboursons votre téléviseur. Là est tout l'intérêt de cet ouvrage. Recevez ce livre comme une invitation à bien vous amuser en vous creusant un peu la cervelle. Recevez-le comme un coup de main si vos proches en trouvent des plus drôles que vous.

Inutile de vous laver les mains, d'éviter les embrassades et les poignées de main, d'utiliser toute solution hydro-alcoolique ou encore de prendre un mouchoir pour éternuer, le virus de ce livre se transmet par simple lecture de cette modeste introduction. Il est déjà trop tard, alors faites vous plaisir. Lisez.

Comment appelle-t-on
un chat petit et moche ?
Un chat-thon.

Comment appelle-t-on un chat que l'on utilise pour stabiliser un bureau ?
Un chat-cale.

Comment appelle-t-on un chat qui ne se rappelle jamais des paroles d'une chanson ?
Un chalalalala (que viva la nochat).

Comment appelle-t-on un
chat dans lequel on met
ses courses ?
Un chac.

Et son postérieur ?
Un cul-de-Chac.

Comment
appelle-t-on
un chat que
les enfants
n'aiment pas
manger
mais auquel
tout le monde
fait confiance ?
Un chalsifie.

Comment appelle-t-on un nettoyage ethnique de chats chronométré ?
Une minou-tuerie (une minuterie).

Comment appelle-t-on un chat
qui drague en disant qu'il a failli
mourir, et 2 fois en plus ?
Un chat re-meurt
(un charmeur).

Pourquoi les chats aiment
aller au cinéma ?
Parce que chat rend stone
(Sharon Stone).

Quel animal fait
« choin-choin » ?
Le chanard.

Comment appelle-t-on un baiser de chat dans une église ?
Une chat-pelle.

Comment appelle-t-on
un chat qui travaille
dans un cabinet
de recrutement
et qui a la même tête
que sa sœur ?
Le chat-sœur
de tête.

Comment appelle-t-on un chat moche mais que l'on apprécie parce qu'il a un bel appartement à Megève ?

Un chat-laid.

Comment
appelle-t-on
un chat
qui mange
des steaks
hachés ?
Un charal.

Comment
appelle-t-on
un chat
pas content
car son copain
steak haché
(s'était caché) ?
Un chat râle.

Comment appelle-t-on un chat
parisien qui habite entre 6 lignes
de métro, 3 RER, 7 tramways,
10 gares SNCF, 14 bus, 19 stations Vélib'
et 1 273 783 usagers stressés ?
Un Châtelet.

Quelle est la dernière
trouvaille d'un grand
entrepreneur
belge persuadé
qu'il va inonder
le marché tellement
son idée est bonne ?

Un fouet pour chat.
Parce qu'on lui dit
tout le temps
qu'il n'y a pas
de quoi fouetter
un chat et aussi
qu'il y a d'autres chats
à fouetter.

Comment appelle-t-on un chat salarié
qui subit la crise économique
de plein fouet ?
Un chat-viré.

Comment appelle-t-on un chat
qui ne fait rien de ses journées
à tel point qu'on n'est pas sûr
que ce soit un chat ?
Un pas-chat.

Comment
appelle-t-on
un chat japonais
qui porte un casque
et à qui il manque
une case
(du moins
la moitié) ?
Un chat-mi-case...

Comment appelle-t-on un chat trop mignon que l'on prend pour avoir bonne haleine ?
Un chat-chou.

Quel tout petit chat mexicain aboie ?
Le chat wa-wa.

Comment appelle-t-on
un chat qui est tellement
courageux qu'il se lève
à 6 heures tous les matins ?
Un chat-tôt.

Comment appelle-t-on
un chat qui est tellement
courageux qu'il se
lève à 5 heures tous
les matins ?
Un chat-tôt fort.

Comment appelle-t-on un chat qui est tellement courageux qu'il se lève à 4 heures tous les matins ?
Un chat trop fort.

Comment appelle-t-on un chat qui est tellement courageux qu'il se lève à 6 heures tous les matins mais en plus écrit des poèmes ?
Un chat-tôt-brillant (Chateaubriand).

Comment appelle-t-on un chat orange qui est tellement courageux qu'il se lève à 6 heures du matin ?
Un chat-tôt-roux.

Quel chat joue au rugby
avec une barbe et des
cheveux longs ?
Le Chat-balle.

GNÉ ?
il est là le ballon !

Quel chat est ministre
et toujours au téléphone ?
Le Luc Chat-tel.

Que dit-on
d'un chat qui
a pris tout ce
que tu avais
sur toi ?
Qu'il matou
volé !

Comment appelle-t-on
un chat qui prône
le Coran ?
Un charia.

Comment appelle-t-on un pote chat, pas très propre sur lui ?
Un chalami.

Comment appelle-t-on un chat qui fait le clown ?
Un chat-pitre.

Quel chat joue César au cinéma ?
Le (Alain) Chabat.

Comment appelle-t-on
un chat efféminé ?
Un chat-lopette.

Comment appelle-t-on
un chat agressif qui te
balance des marrons ?
Un chat-teigne.

**Que crie un chat
quand il éternue ?**
Atchâ !

Comment appelle-t-on un chat
qui galope et sur lequel
on peut monter ?
Un chaval.

**Comment
appelle-t-on un chat
qui transporte
des gens et qu'on
peut tirer avec
deux chavals ?**
Un charosse.

**Comment appelle-t-on un
chat qui porte des charges
lourdes et qu'on peut tirer
avec un chaval ?**
Une charrette.

Comment
appelle-t-on un groupe
de chats qui ont tellement
de douleurs partout
qu'ils se plaignent
tout le temps ?
Un chamallow bras
avec ses amis
chamallow jambes,
chamallow nez
et chamallow doigt.

Comment appelle-t-on un chat qui empiète sur ton territoire comme une charogne à tel point qu'il s'appelle pareil ?
Un chat-rogne.

Comment appelle-t-on un chat breton qui a tellement de douleurs qu'il se plaint du temps ?
Un chat-Malo.

**Comment appelle-t-on
un chat qui, après avoir été
dessinateur de Tintin,
s'est converti en commercial
dans une banque ?**
***Un chat-Hergé d'affaires
(chargé d'affaire).***

Que dit-on d'une chatte
qui a une portée
de 6 chatons fumeurs ?
On dit qu'elle a chicha.

Pourquoi les Belges ne donnent-ils pas de prénoms à leur chat ?
Parce qu'on leur dit qu'il faut appeler un chat, un chat.

Comment appelle-t-on un squelette de chat en désordre ?

Un chat-os (un chaos) ; le chadavre n'est pas accepté car il sera évoqué ci-après.

Comment appelle-t-on
un gros poisson chat ?
Un chacalot.

Comment appelle-t-on un petit chat
qui fait les 400 coups ?
Un chat-le-gosse.

Comment appelle-t-on l'ami
du chat-le-gosse qui aime
bien imiter le bruit
d'un fusil en hurlant ?
Le chat-crie-pan.

Comment appelle-t-on un chat
qui transporte des gens tirés
par quatre chavals (voir p. 33...)
et qui en plus aime
les sucettes et les glaces ?
Une chat-lèche.

Comment
appelle-t-on
un chat russe
qui transporte des gens,
tiré par des chavals
(voir p. 33…)
et qui en plus aime
tellement les sucettes
et les glaces qu'il
n'a pas le temps
de faire l'amour ?
Une chat-lèche-nique-off
(kalachnikov).

Comment appelle-t-on un chat
qui porte des flèches et qui
ne comprend jamais rien ?
Un charquois.

Comment appelle-t-on un chat qui te tire dessus car tu n'es pas son frère ?
Un chat-sœur.

Avec quoi tire un chat-sœur juif ?
Avec une chat-rabine.

Comment appelle-t-on un chat que l'on met dans la chat-rabine et qui atteint toujours deux fois sa cible ?
Une chat-retouche.

Comment appelle-t-on un chat complètement fou que l'on fume pour faire la paix ?
Un chalumet (chat allumé).

Comment appelle-t-on un chat condamné à mort sur Internet par les révolutionnaires mais pas pour de vrai ?
Un e-chat-faux.

Un chat-chat (un chat bègue en quelque sorte) et un chat-re-quoi (un chat malentendant en quelque sorte également) se baladent dans la rue. Le chat-chat dit alors au chat-re-quoi en pointant son doigt par terre :
« Là là là là là là là là là là là là là là là là là là là là !
– Quoi quoi ?
– Là là là là là là là là là là là là là là là là là là là là !
– Quoi quoi ?
– Là là là là là là là là là là là là là là là là là là là là !
– Quoi quoi ?
– Ttttrrrrrop tttttttttttttard, tttttu aaaaaaaaaas mmmmmaarché dededededans... »

Comment appelle-t-on un chat momifié ?
Un charcophage.

Comment appelle-t-on
un chat qui porte
une kippa ?
Un chalomon.

Comment appelle-t-on un chat pratiquant
et sans poils qui se trouve toujours avec
3 tondus là où il n'y a pas un chat ?
Un chapelet (et trois tondus).

**Que dit-on d'un chat pratiquant
qui se trouve stressé là
où il n'y a pas un chat ?**
Un chapelet est trop tendu.

Comment appelle-t-on
un chat brun ?
Un châtain.

Quel chat aime bien
Monica Bellucci
mais aussi les plats
très relevés ?
Le (Vincent) Chat-sel.

Comment appelle-t-on
un chat content d'être là ?
Un chat-l'heureux.

Comment appelle-t-on un chat tout noir avec un ressort sur les pattes ?
Un chat-rebond (charbon).

Comment appelle-t-on un super-chat qui met toujours un slip rouge par-dessus son jogging bleu ?
Un chaman.

Comment appelle-t-on
un chat ultra-rapide
(mais moins que chaman
quand même) ?
Un non chat-lent.

Comment appelle-t-on un chat un peu niais qui pleure ?
Un chat-grain.

Quel chat, dictateur roumain, a dû recevoir
une bonne quinzaine de coups
quand il s'est fait arrêter ?
Le chat-aux-seize-coups (Ceausescu).

Comment appelle-t-on un chat qui est une vraie surprise quand on part en randonnée ?
Un chat-cadeau (sac à dos).

Comment appelle-t-on un chat qu'une fille de luxe aime bien lancer ?
Un chat-que lance-elle (sac Lancel).

Comment appelle-t-on un chat de luxe ?
Un chat-nel (un chaviar est aussi accepté).

Comment appelle-t-on la boisson préférée des chats japonais ?
Le chaké.

Comment appelle-t-on un chat du sud de la méditerranée qu'on ne comprend rien à ce qu'il dit et qui acquiesce toujours en allemand?
Un chat-arabe-ja (un charabia).

Comment appelle-t-on un chat qu'on prend uniquement comme couverture pour dormir ?
Un chat que de couchage (sac de couchage).

Comment appelle-t-on un chat qui n'aime dormir qu'avec des couches Pampers ?
Un chat que allongé (un sac à langer).

Comment appelle-t-on une table qui sert à changer les bébés ?
Une table à langer mais ceci n'a rien à voir avec ce livre.

Comment
appelle-t-on
un chat qui
s'esclaffe et
qui aime bien
les expéditions
en Afrique ?
Un chafari.

Comment appelle-t-on
un chat avec deux ailes
et qui aime les défis ?
Un chat-l'ange (challenge).

Comment appelle-t-on un chat qu'on aime bien remuer dans une casserole avec une fourchette et une cuillère ?
Un chat-touillé.

Comment appelle-t-on un chat qui est mauvais, mais mauvais, tellement mauvais que l'on croit que c'est une blague ou une caméra cachée ?
Un chat-nulard.

Comment s'appelle le chat de Khaled (le chanteur) ?
Aïe-chat.

Comment appelle-t-on un chat qui sent la marée, qui pêche avec une guitare et qui se balade avec une mouette au-dessus de la tête ?
Un chat-luthier.

Comment appelle-t-on
un chat long presque comme
une avenue qu'on utilise
pour cultiver la terre ?
Une chat rue.

Qui mange les
petits rats violi ?
Un chat violi.

Comment appelle-t-on un chat qui est vraiment un enfoiré ?
Un chalaud.

Comment appelle-t-on un chat, marié à Céline Dion, qui ne lâche jamais l'affaire ?
Un a-chat-René (acharné).

Comment appelle-t-on
un chat
qui te demande
tout le temps
comment tu vas ?
Un chat va bien ?

Comment appelle-t-on
un chat qui lui répond
que non ?
Un chat va pas.

Comment appelle-t-on un chat toujours content de lui ? *Un chatisfait.*

Comment appelle-t-on un chat qui passe son temps à faire des jeux de mots douteux ?
Un chalambour.

Comment appelle-t-on un chat au caramel avec un chalambour en prime?
Un charambar.

Que dit-on d'un chat qui se barre en courant mais pas trop ?
Qu'il s'é-chat-peu.

Comment
appelle-t-on
un chat
très ponctuel
et sensuel ?
Un chat-l'heure
(chaleur).

Comment
appelle-t-on
un chat
pas ponctuel
et **pas** sensuel ?
Un chtar (un chtar
c'est-à-dire un
bouton d'acné).

Comment
appelle-t-on
un chat qui
a deux essieux
et quatre roues
pour couper
du bois ?
Un chat-ssis
(le chat scie
est autorisé).

Quel chat a libéré
Ingrid Betancourt ?
Le Chavez.

Comment appelle-t-on un chat qu'on met sur sa tête ?
Un chapeau.

Comment appelle-t-on un chat débordant d'énergie que l'on met sur la tête ?
Un chapeau haut de forme.

Comment appelle-t-on
un chat qui a trois
essieux et huit roues ?
Un chamion.

Comment appelle-t-on
un chat qui a quatre
essieux et douze roues ?
Un gros chamion.

Comment appelle-t-on un chat qui roupille avec un drap sur la tête ?
Un tchat-dort.

Comment appelle-t-on un chat très aimable qui a la possibilité de prendre la nationalité italienne ?
Un chat-ritable.

Comment appelle-t-on un chat couronné à Téhéran ?
Un chat d'Iran (le Shah d'Iran).

Comment appelle-t-on un chat qui met une burka pour ne pas qu'on s'aperçoive qu'en fait c'est une souris ?
Un chat-rat-voile.

Comment appelle-t-on un chat sauce aigre douce ?
Un chat psuey (shop suey).

Comment appelle-t-on un chat homo, illettré, et idiot en plus ?
Un anal-chat-bête.

Comment appelle-t-on un chat qui présente une émission de vente par correspondance ?
Un télé à chat.

Comment appelle-t-on un chat œnologue bourguignon blanc ?
Un chablis.

Comment appelle-t-on un chat qui
parle tout le temps
de ses deux bosses ?
Un chat-mot.

Comment appelle-t-on un chat
qui parle tout le temps
de ses 3 bosses?
C'est un chat-mot
qui s'est cogné.

Comment appelle-t-on
un chat nain qui fait
des spectacles ambulants
au Crédit Mutuel, à la BNP,
à la Société Générale
ou à la Banque Populaire ?
Un chat-lutin-banque (un
saltimbanque).

Comment appelle-t-on un chat de sexe féminin qui se plaint d'avoir mal quand on lui fait des guilis ?

Une chatte-ouille.

Comment appelle-t-on un chat qui pue des pieds et qui finit ses études… deux fois ?

Un chat-re-en-thèse (charentaise).

Comment
appelle-t-on
un chat avec
des cornes
et qui
ne pense
qu'à lui ?
Un chat-moi.

Comment appelle-t-on un chat de Janeiro ?
Un chat-Rio.

Comment appelle-t-on une embarcation de chats qui ratent tout ce qu'ils font ?
Une chat loupe.

Comment
appelle-t-on un chat
qui compose le 0 825 899 899
(0,35 € la minute)
et qui commande une pizza
pâte fine-jambon-saucisson-
tomate-mozzarella
(+1,50 € par ingrédient
supplémentaire comme
un œuf par exemple)
et qui ne mange que la pâte
(fine, rappelons-le), le jambon
et le saucisson et qui trouve
ça drôle en plus ?
Un chat-croûte-rit
(charcuterie).

Comment appelle-t-on
un chat qui téléphone ?
Un chamsung.

Comment appelle-t-on un chat qui se met d'accord avec une souris pour chanter en duo ?
Un chat-rat-ok.

Comment appelle-t-on un chat eunuque ?
Un chastré.

Comment appelle-t-on un chat très long castré en plus ?
Un chat-pont.

Comment appelle-t-on un chat qui pue des pieds et qui fait rire les enfants ?
Une chat-vate.

Comment appelle-t-on un chat qui change d'avis tous les 4 matins parce que ça le fait marrer d'être comme ça ?
Un chat-ri-varie.

Comment appelle-t-on un chat qui rend les femelles moches ?
Un chat-rend-thon (Charenton, 94).

Comment appelle-t-on
une revue de chat ?
Un chatalogue.

Comment appelle-t-on un chat pas bien réussi mais qu'on n'emmerde pas car il est ceinture noire ?
Un chat-raté.

Comment appelle-t-on une
chatte poète pas très douée ?
Une chatte-à-strophes
(catastrophe).

Comment appelle-t-on un chat
qui fait des singeries ?
Un chapanzé.

Quel est l'alcool préféré des chats moines ?
La Chartreuse.

Comment appelle-t-on un chat qui attrape tes parties génitales dès que tu bouges ?
Un chasse-couilles.

Comment appelle-t-on un chat qui attrape tes pieds dès que tu bouges ?
Un chasse-pieds.

Comment appelle-t-on un chat contorsionniste avec une queue plate ?
Un chat-se-tort.

Où un chat passe-t-il
son temps à dormir ?
Sur un chat-nappé.

Où s'assoit un chat ?
Sur une cha-èze
pardi !

Comment appelle-t-on un chat de l'espace ?
Un chaturne.

Comment appelle-t-on un chat qui se fait chier sur la gueule par tous les chiens du quartier ?
Un chaniveau.

Comment appelle-t-on un chat artiste surréaliste atteint d'une maladie très contagieuse ?
Le Chagall.

Que dit un chat qui ignorait la réponse ?
Chavé pas !

Comment appelle-t-on un chat vêtu d'un pull et d'un bonnet rayés rouge et blanc et qui est très bien caché (enfin, là, pas trop en fait) ?
Un Charlie.

Comment appelle-t-on
le pas d'un chat qui passe
son temps à se faire tirer
dessus ? Et en plus il est
plutôt latéral comme chat…
Un pas chassé.

Comment appelle-t-on un chat petit, moche, tout frisotté, promené par sa mémère et qui squatte chez Médor ?
Un chat-niche (caniche).

Comment appelle-t-on un chat
qui peut prouver ce qu'il faisait
hier entre 22 h 30 et 2 heures
du matin à Tripoli ?
Un chat-Libye (alibi).

Comment appelle-t-on deux chats qui font le tapin ?
Une chalope et son amie la chagasse.

Comment appelle-t-on un chat dont tu te sers pour évacuer tes excréments ?
Un chasse-d'eau.

Comment appelle-t-on un chat tombé dans un pot de peinture le jour de Noël ?
Un chat-peint de Noël.

Comment appelle-t-on un chat qui sent la chlorophylle ?
Un chat-wing-gum.

Comment appelle-t-on un chat déformé ?
Une charichature.

Comment appelle-t-on un
chat noir qui aime bien
les danses américaines ?
Un charleston.

Comment appelle-t-on un chat
qui se plaint tout le temps ?
Un chaliméro.

Comment appelle-t-on
un chat aussi long
que large ?
Un charré.

Comment appelle-t-on un chat qui aime bien dire bonjour à tout va ?
Un chalut.

Comment appelle-t-on un chat qui a toujours la gaule le matin, à tel point qu'on a l'impression qu'il plante une tente quand il est sous les draps ?
Un chat-bite-haut (chapiteau).

Comment appelle-t-on
un chat qui te balance
des vannes ironiques
pas très aimables ?
Un charcasme.

Comment appelle-t-on
une petite crique
où l'on peut déguster
une très bonne sauce
et avec plein de chats
femelles à 2 bosses ?
Une baie-chamelle.

Que dit un chat qui a
la coqueluche
quand il entre dans
une pharmacie ?
*Auriez-vous un
sirop pour matou ?*

Comment appelle-t-on
un chat qui a un cœur
qui bat à 200 à l'heure ?
Un chamade.

Comment appelle-t-on un chat qui dit tout le temps « Ce n'est pas moi, c'est lui ! » ?
Un chat-toi.

Comment appelle-t-on un chat qui dit tout le temps « Ce n'est pas moi, c'est lui ! », alors qu'en fait ce n'est pas lui, c'est moi ?
Un chat-toi-ment.

Comment appelle-t-on la place où il y a toutes les chattes émoustillées et les gigolos chats de Paris ?
La place de Clichat.

Que dit-on d'une entreprise
qui piqua tous les plus jolis chats
à une autre entreprise ?
On dit qu'elle des-beaux-chats
(débaucha).

Que dit-on d'un chat
qui joue à la belotte au coin du feu
avec un canard ?
On dit qu'il coin-chat.

Comment appelle-t-on un chat qui
ne va pas tarder à rentrer chez lui ?
Un charter.

Que dit-on de deux chats
amoureux ?
Qu'ils sont félins pour l'autre.

Comment appelle-t-on
un chat bourreau qui ne
dit jamais la vérité ?
Un châtiment.

Quel chat te transforme
en sac à nœuds
quand il se bat ?
Le (Jackie) Chat-nœud.

Comment appelle-t-on
un chat que tu enfiles
comme un maillot
de foot ?
Une chasuble.

Comment appelle-t-on un chat
œnologue envoyé il y a peu
de temps par le pape
et qui se lève tôt ?
Un chat-tôt neuf du pape.

Quelle fée
est tellement laide
qu'elle ressemble
à un hybride entre
un chat et une
souris qui s'est
cogné la tête ?
La fée chat-rat-bosse.

Mais pourquoi est-elle aussi laide cette fée
Chat-rat-bosse depuis qu'elle est toute petite ?
C'est à cause du Nespresso qui est chat-fée-innée (caféiné).

Comment
appelle-t-on
un chat japonais
pas très dynamique
et qui se paye le luxe
de se moquer des autres ?
Un chat-mou-raille.

Comment appelle-t-on
un chat de Noël ?
Un chat-pin.

Comment appelle-t-on
un chat politicien qui a
une érection pendant
qu'une femelle le masse ?
Un chat bande elle masse
(Chaban-Delmas).

Comment appelle-t-on
un sex-toy pour chat ?
Un god minet.

Comment
appelle-t-on
les testicules
d'un chat japonais
un peu homo ?
Les boules
de gay-chat.

Que dit-on d'un chat
qui tomba amoureux ?
Qu'il s'amouracha.

Comment appelle-t-on un chat sauté ?
Une plancha.

Quel est le seul hôpital parisien
qui reçoit exclusivement
des chats ayant des doutes
sur leur orientation sexuelle ?
L'hôpital bi-chat.

Comment
appelle-t-on
un chat qui
se cache
parce qu'il
y a les huit potes
de la bande
arachide
qui se ramènent ?
Une cache-chat-huète.

**Comment
appelle-t-on
un chat unique
au monde ?**
Un chat qu'un.

Comment appelle-t-on un chat dont on se couvre pour aller rendre visite à sa grand-mère ?
Un chaperon.

Comment appelle-t-on
des miettes de chat ?
Une chat-pelure.

Comment
appelle-t-on
un chat sournois
qui fait du boudin ?
Un chafouin.

Mon premier
est un chat
de Cherbourg,
mon deuxième
est un chat de Brest,
mon troisième
est un chat de Toulon,
mon tout est une
blague merdique ?
Une chat-rade.

Que dit-on d'une bande
de chats très bruyants
dans une yourte ?
Qu'ils chat-hutent.

Comment appelle-t-on un chat constitué au prix de dures économies ?
Un chapital.

Comment appelle-t-on un troupeau de chats ?
Un chaptel.

Que dit-on d'un chat qui
a tellement été travaillé qu'il
s'est transformé en boule ?
Qu'il boulot-chat.

Que dit-on de deux chats
qui se balancent
des pots de moutarde
à la gueule ?
Qu'ils se chat-maillent.

Comment appelle-t-on un pull-over
pour chat qui sent un peu l'oignon et
tricoté par mère-grand ?
Un chat-d'ail.

Comment appelle-t-on un chat qui a de l'influence sur les autres ?
Un charismatique.

Que dit-on d'un chat qui, en son temps, aima embrasser des filles et au pas de course en plus ?
On dit qu'il galop-cha.

Les chats sont-ils intelligents ? Oui, on dit même qu'ils ont tous
Félix (fait l'X).

Comment appelle-t-on un chat
qui fait office de bonnet ?
Une chapka.

KAÏÏÏÏÏ
Ah c'est malin.
Bravo.
Comme c'est spirituel.
Ha. Ha.

Comment appelle-t-on un
un chat sans pattes ?
Un miné.

Comment appelle-t-on un
gros chat sans patte ?
Un rominé.

Comment appelle-t-on un chat
atteint par le virus de la compta ?
Un compta-minet.

Comment appelle-t-on
un chat qui affirme
que le disque
de Vitaa lui donne la patate ?
Le Vitaa-minet.

Comment appelle-t-on un chat
qui est d'accord
avec le Vitaa-minet ?
Le pro-Vitaa-minet.

Comment appelle-t-on
son voisin
du dessus ?
Le sur-Vitaa-minet.

Comment appelle-t-on
un chat pour qui la vie
est finie car il a déjà
six pieds sous terre ?
Le terre-minet.

Comment appelle-t-on
le chat qui avait comme
petit ami le terre-minet ?
L'ex-terre-minet.

Comment appelle-t-on
une cabine où les chats
se font prendre en photo ?
Un photomatou.

Que dit-on d'un chat
qui s'est donné à fond
pour ses exams ?
Qu'il cravacha.

Quel est le minou préféré
de Christian Clavier ?
Le chat-zelle
(Marie-Anne Chazel).

Comment appelle-t-on
un chat qui chante
Whenever, wherever ?
Un Shakira.

Comment appelle-t-on un chat qui ne travaille pas le samedi ?
Un chabat.

Comment appelle-t-on un chat rabbin qui veut toujours proclamer la paix ?
Un shalom.

Comment appelle-t-on
un chat qui pète
dans le 16e ?
Un chat-loufe.

**Que dit-on d'un chat qui
est tellement malade, qu'il a un
chat dans la gorge ?**
On dit qu'il a une grippe caraminé.

Pourquoi un chat regarde
d'abord à droite, puis à gauche
avant de traverser la rue ?
*Parce qu'il ne peut pas regarder
des deux côtés en même temps.*

Comment appelle-t-on un chat anglais qui demande toujours aux gens de se la fermer ?
Un chat up !!!!!!!!!!!!! (shut up).

Comment appelle-t-on un chat qui se moque gentiment des autres ?
Un chat-rieur.

Que dit un chaton quand il a fini de s'essuyer ?
Cha'y est !!!

Comment appelle-t-on un chat qui mange un autre chat ?
Un chanibal !

Comment appelle-t-on un groupe de chats maçons qui ment sur son âge ?
Les chats-faux-d'âge.

Quel tout petit chat aime la nourriture pour chien ?
Le royal chat-nain.

Comment appelle-t-on un quartier où de félines prostituées font le trottoir ?

Un dépose-minoutes.

Où les chats américains
policiers vivent-ils ?
À Minet à police
(Minneapolis).

Quel chat très vieux
fait 6 litres ?
Un Matou Salem.

Pourquoi est-il toujours difficile
de chasser un chat,
même pour un bon chasseur,
avec un cheval et des chiens ?
Parce qu'un chat ça court !
(Chasse à courre.)

Quel effet ça fait d'être
un homme et de passer
pour une femme une
fois déguisé en chat ?
Un effet-minet.

Quel chat, père
du protestantisme,
est salutaire ?
Le chat-Luther.

Comment s'appelle
le restaurant de fruit de mer,
tenu par un chat et situé
en pleine campagne ?
L'homard matou haie
(Omar m'a tuer).

Comment appelle-t-on
un chat qui se la pète ?
Un matou vu.

Où les chats vont-ils
acheter leurs cigarettes
et boire leur petit café ?
À l'estaminet.

**Comment s'appelle le chat
le plus vieux du monde ?**
Le Jeanne Chalment.

Pourquoi les chats demandent
à leurs sœurs d'aller
à la boulangerie ?
*Parce que le chat-sœur
a le pain (chasseur alpin).*

Que disent les chats pour s'en remettre à la grâce de Dieu, ici ?
In-chat-là.

Quel est le pas de danse préféré des chats ?
L'entrechat.

À quelle société d'assurance les chats sont-ils affiliés ?
Akcha (Axa).

Comment appelle-t-on
une charrette bas de gamme
pour chats ?
Une chariole.

**Comment appelle-t-on
une charrette pour chats
qui ne s'arrête jamais ?**
Une chat-arrête jamais.

Comment appelle-t-on un chat
qui pique, qui est un peu idiot
et qui aime bien prendre
un bol de thé vert ?
Un chat-thé-niais.

**Quel chat, devenu souris,
a rattrapé le coup
en se retransformant en chat ?**
Le rat-chat.

Comment appelle-t-on un chat révolutionnaire cubain ?
Un cha guevara. Le che-minet est accepté cependant.

Comment s'appelle
le petit du che ?
Le che-minot
(mais reste à savoir
si c'est un chat…).

Que crie un chat soldat quand il est en première ligne ?
CCCCCHHHHHHHHHAAAAAAAAAAAAARRRRRRRRRRRRGGGGGGGGGGGGEEEEEEEEEEEEZZZZZZZZZZZZZ !!!!!!!!!!!!!!!!!!!!

Qu'est-ce qu'un mec
tellement nul, qu'il est
potentiellement
transformable en chat ?
Un minable.

Qu'est-ce qu'une mosquée réservée aux chattes ?
Un minet-à-raie.

Que dit un chat
à la cantine qui veut
reprendre de la purée
et qui apparemment
n'a pas été resservi ?
Excusez-moi
de rabâcher,
mais auriez-vous
du rab-à-chat ?

Pourquoi les Belges n'amènent-ils jamais de chats à la campagne ?
Parce qu'on leur dit qu'il n'y a pas un chat.

Que dit-on d'un chat tellement mauvais qu'il ne sert qu'à être attaché aux pieds de chats boiteux pour qu'ils ne boitent plus ?
Que c'est une cale-à-minet (calamité).

Quel chat star de films érotiques a une extinction de voix ?
Un chat X aphone (saxophone).

Quel chat irlandais aime bien
manger des loups à la croque au sel
pour son 4 heures, surtout
des femelles, et deux fois en plus
(monde cruel) ?
Le chat roux sale du louve-re
(Carrousel du Louvre).

Comment appelle-t-on
un chat religieux
qui mise son tapis
au poker ?
Un moine chat « all in »
(moine Shaolin).

Pourquoi les chats s'approchent-ils
de l'eau seulement
quand ils sont douze ?
Car avec les douze chats l'eau part
(les 12 salopards).

Quel chat est tellement grand qu'il ne peut tenir que dans la plus grande pièce d'une maison ?
Le chat-long (salon).

Comment appelle-t-on un chat déguisé en Schtroumpf qui dit qu'il écoute les Rita Mitsouko alors qu'en fait, c'est faux ?
Le chat-Rita-bleu-ment.

Que dit-on d'un chat très poilu ?
Qu'il est chat-velu.

Comment appelle-t-on
une chatte qui aime
présenter le 20 heures
sur TF1 ?
Une Chazal.

Comment appelle-t-on
un chat avec une étoile
sur le torse ?
Un chat-rif.

Que dit-on d'un chat qui fait croire à tout le monde qu'il est aussi fort qu'un crocodile ?
Que le chat y ment (caïman).

Quel chat a un peu une tête d'Égyptien, mais à chaux ?
Le chat-Le-Caire (le calcaire).

Comment appelle-t-on
un chat mort sur le quai
du port du Havre ?
Un chat d'Havre (nous vous avions prévenu, la voilà enfin !).

Comment appelle-t-on
un pote chat avec lequel
on rigole bien ?
Un chat-marade.

**Que dit-on d'une blague sur
les chats vraiment très
difficile à comprendre ?**
Qu'elle est chapillo-tractée.

Que dit-on d'un très
vieux chat aristocrate ?
Qu'il est chat-duc.

Comment appelle-t-on un chat
de 33 cl même pas bourré ?
Une chanette.

Comment s'appelle
son inséparable pote ?
La chapsule.

Comment appelle-t-on un chat
dont la personnalité est un peu
ras-les-pâquerettes ?
*Le chat-ras-que terre
(un caractère).*

Comment appelle-t-on un chat
qui ressemble à un aigle mais avec
le même dos qu'une tortue ?
Un chat-rapace.

Comment appelle-t-on un produit dopant pour chat, qui fait qu'il est toujours en transe ?
Un en-fête-à-minet (amphétaminé).

Rock'n'Roll Cats
OOOOHHHHHH
TAM
TAM
TAM

Comment
appelle-t-on un
chat petit, moche
(un chat-thon en
quelque sorte...),
très nerveux,
mais confortable,
monté sur chenille,
d'origine hongroise
et qui tire sur tout
ce qui bouge ?

Un Char-cosy.

Comment appelle-t-on
un chat de grand prix
(deux fois en plus) qui est un bon
coup, dixit notre Président,
pour nettoyer les banlieues ?
Un bon coup de Chat-re-cher.

Comment appelle-t-on le chat empreint d'une volonté féroce à extraire de la terre son pote terre-minet ?
Le dé-terre-minet.

Comment appelle-t-on le chat qui a encore plus envie que le dé-terre-minet de vouloir sauver son pote terre-minet ?
Le sur-dé-terre-minet.

Comment appelle-t-on le chat qui a envie comme le dé-terre-minet de vouloir sauver son pote terre-minet,
mais à condition qu'il ait été enterré dans un champ ?
Le pré-dé-terre-minet.

Comment appelle-t-on le chat empreint d'une volonté féroce à extraire de la terre son pote chat terre-minet mais quand même il hésite un peu ?
L'un-dé-terre-minet.

Comment appelle-t-on un chat bègue ?
Un chat-chat.

Comment appelle-t-on un chat accusé d'avoir gueulé injustement sur autrui ?
L'un-cri-minet.

Comment appelle-t-on un chat qui se cache derrière une clôture pour lâcher un gaz ?
Une haie-chat-pet.

Quel chat en a marre de trop bien chanter ?
Le (Maria) Chat-las.

Comment appelle-t-on un chat électricien qui se couche dès qu'il y a de l'orage ?
Un chat-terre-tonne.

Comment appelle-t-on un chat choisi par le peuple pour l'aider à voir plus clair sur les problèmes de la société ?
Un élu-minet.

Comment appelle-t-on un chat qui n'a pas été élu par le peuple pour l'aider à voir plus clair sur les problèmes de la société ?
Un éli-minet.

Quel chat vit sur l'île aux enfants et aime laver six fois son déguisement orange avec du Mir Express ?
Chat-six-mir.

Quel chat, très fidèle à Cuba, chasse toujours dans l'excès ?
Fidel chasse-trop.

Quel chat
a un chapeau,
une canne
et une moustache ?
Le Charlot.

Comment
appelle-t-on un chat
bègue qui danse ?
Un cha-cha-cha.

Deux chats se promènent
dans un appartement
quand le maître revient
de chez Ikea avec un canapé
tout neuf. Après 2 heures
de montage, il s'endort.
C'est alors que les deux
chats arrivent. Tout à coup,
l'un d'eux se met à frétiller.
« Tu as vu, dit-il, un canapé
tout neuf ! Ça s'arrose... »

Comment appelle-t-on
un chat qui chante
des comptines
pour enfants ?
Un chat al-goya.

Comment s'appelle le chat pas
bien doué qui a une cabane au
fond du jardin ?
Le (francis) Chat-brêle.

Pourquoi les chats ne se rasent-ils qu'avec du savon ?
Parce que la mousse-tâche.

Pourquoi les maîtres refusent que leur chat joue à l'ordinateur ?
Parce qu'ils mangent les souris.

Comment reconnaît-on un chat bourré ?
C'est celui qui a pris de la miaule.

Comment
appelle-t-on
un chat qui
pisse le sang ?
Un demi-chat !

Pourquoi les chats
n'aiment pas quand
leur maître joue
à la console ?
*Parce qu'ils
aimeraient que
la wii se casse
(Whiskas).*

Comment s'appelle
la mère qui a perdu
son chat ?
La mère Michel.

Comment s'appelle
la mère qui a
retrouvé le chat
de la Mère Michel,
mais seulement
la moitié ?
La mère Mi-chat.

Le détail de la réponse en chanson (sur l'air de La Mère Michel) :
C'est la mère Michel
qui a perdu son chat
Qui crie par la fenêtre
à qui le lui rendra ?
C'est le père Lustucru
qui lui a répondu
Allez la mère Michel vot' chat
n'est pas perdu

C'est la mère mi-chat
qu'a retrouvé son chat
Qui crie par la fenêtre pourquoi
t'es qu'un demi-chat
C'est le chien Lustucru
qui m'a pris pour un Lu
Il avait tellement faim
qu'il m'a bouffé le...

Comment appelle-t-on un chat qui est toujours face à la mer ?

Un chalogéro.

Un chat et une moitié de chat se promènent. Le premier marche sur une épine et s'écrie : « Aouh !!! » Le deuxième fait de même et s'écrie à son tour : « Mi-aouh ! »

Comment fait-on
aboyer un chat ?
On l'asperge
d'essence,
on craque une
allumette et…
wwoooaaaffff.

Comment fait-on
aboyer un chat ?
On lui donne de
l'eau et il la boit
(on lui donne de
l'eau et il aboie…).

Quelle est la fête
préférée des chats ?
L'Assomption car
c'est la mi-août.

Quel chat très lumineux
ressemble à une blatte ?
Le chat-phare (cafard).

Qu'est-ce qui énerve le plus les propriétaires belges de chats ?

Qu'à la question « Qu'est-ce tu veux manger ce soir ? », leur chat réponde « Sheba ».

Quel chatte se sent dans la pop music américaine comme un poisson dans l'eau ?
Le (Maria) Chat-raie.

Comment appelle-t-on un chef chat ?
Un chapitaine.

1000
k
Et là,
PAF! le chat

Chat vous a plu ?

N'hésitez pas
à nous envoyer
vos meilleures
blagues de chats :
info@editionsleduc.com

On les publiera
sur le blog
des éditions Leduc.s :
blog.editionsleduc.com

Imprimé en France - JOUVE, 1, rue du Docteur Sauvé, 53100 MAYENNE
N° 516911B - Dépôt légal : septembre 2010